Das verlorene Schaf

Dieses Buch gehört

....

BRUNNEN
Verlag Giessen · Basel

Jesus hat alle Menschen lieb.
Er mag auch solche, mit denen viele nichts zu tun haben wollen.

Als Jesus auf dieser Welt lebte, war er auch lieb zu Verbrechern.

Er setzte sich mit Betrügern an einen Tisch.

Jesus ist für alle Menschen da.

Er fasste sogar Menschen an, die schlimme, ansteckende Krankheiten hatten.

Die gelehrten Männer aus dem Tempel verstanden das nicht. „Wie kann er sich bloß mit solchem Gesindel einlassen?“, schimpften sie.

Da erzählte Jesus eine Geschichte:

„Stellt euch vor: Ihr habt hundert Schafe. Ihr kümmert euch gut um sie.

Er sucht
in den Bergen …

im Gebüsch …

und einfach überall.

Dann läuft er los und sucht überall
nach dem fehlenden Schaf.

Ein guter Hirte lässt seine
Herde im Gatter zurück.

Doch eines Tages zählt ihr die Herde –
und ein Schaf fehlt.

Was nun?
Was würdet ihr tun?

Wenn er das verlorene Schaf endlich gefunden hat, freut er sich und trägt es nach Hause.

Dort ruft er seinen Freunden zu:
‚Kommt und feiert mit mir!
Mein Schaf war verschwunden,
aber ich habe es wiedergefunden!‘

Gott ist wie dieser Hirte“, sagte Jesus. „Er hat alle Menschen lieb: Diejenigen, die ein gutes Leben führen und bei ihm bleiben, genauso wie solche, die vom Weg abkommen. Gott geht sie suchen.

Die Engel im Himmel freuen sich über jeden Menschen, der wieder zu Gott zurückfindet."

Wichtige Wörter

Engel Sie sind bei Gott im Himmel.

sich freuen Der Hirte freut sich, wenn er sein verlorenes Schaf findet. Die Engel im Himmel freuen sich, wenn ein Mensch zu Gott zurückfindet.

Gatter eine Weide, die eingezäunt ist.

Hirte Ein Hirte sorgt gut für seine Schafe. Wenn er ein Schaf vermisst, sucht er überall danach. Gott ist unser guter Hirte.

Der gute Hirte

Lieber Gott, du bist mein Hirte.
Darum geht es mir gut.
Du gibst mir alles, was ich brauche.
Du versorgst mich
und machst mir Mut.
Du lässt mich
nie allein.

Titel der englischen Originalausgabe:
The Lost Sheep

Wilkinson House, Jordan Hill Road,
Oxford OX2 8DR, England
www.lionhudson.com
Text: Lois Rock

Ins Deutsche übertragen von Irmtraut Fröse-Schreer

2. Auflage 2012

Deutsche Ausgabe:

Gottlieb-Daimler-Str. 22, 35398 Gießen
www.brunnen-verlag.de
Satz: DTP Brunnen
Gedruckt in China
ISBN 978-3-7655-6949-4